TOUSSAINT NIGOUL

La Grande-Chartreuse

Autrefois - Hier - Aujourd'hui

Poignants Souvenirs

Nombreuses illustrations

Préface de M. GAUDIN de VILLAINE

SÉNATEUR DE LA MANCHE

TOLRA ET M. SIMONET, ÉDITEURS

28, RUE D'ASSAS, 28 — PARIS

La Grande-Chartreuse

La Grande-Chartreuse

Autrefois - Hier - Aujourd'hui

Poignants Souvenirs

Nombreuses illustrations

Préface de M. GAUDIN de VILLAINE

SÉNATEUR DE LA MANCHE

TOLRA ET M. SIMONET, ÉDITEURS

28, RUE D'ASSAS, 28 — PARIS

PREFACE

—

Monsieur,

*Vous me faites l'honneur de me damender quelques
mots de* **Préface** *pour votre intéressante brochure.*

*J'y consens volontiers ; d'autant plus que votre initia-
tive, est non seulement un geste utile mais une bonne
action.*

*Et puis, en parcourant ces pages, que de souvenirs
pour moi, de choses que je ne reverrai pas, et qui me
furent infiniment douces, comme le sont les heures d'isolement et de solitude volontaires, au milieu des batailles
de la vie...*

*Et puis, encore, là-bas, j'allais voir un homme, qui
m'était bien cher et qui, parvenu au faîte des honneurs
militaires dans son pays, avait, comme un sage, tout
délaissé, pour venir dans ce coin des montagnes de l'Isère,
chercher l'oubli et le repos...*

*Il dort aujourd'hui, quelque part dans ce petit cime-
tière du couvent, dont les sectaires ont fait un champ
d'abandon !*

*Et comme tous les âges de l'Histoire se ressemblent...
Aujourd'hui, époque de lumière ! sans clartés réelles —
comme jadis, à travers ce qu'on appelle trop facilement
la Nuit du Moyen Age — le Christ et sa doctrine, seuls
toujours, parmi le néant des choses, jettent à tous les
horizons de lumineuses clartés, alors que l'effort pure-
ment humain n'est que révolutions et ruines...*

*La Grande-Chartreuse d'aujourd'hui est une de celles-
ci parmi tant d'autres semées sur la Terre de France par
la Conquête juive sur le génie aryen !*

*Celui-ci renaîtra-t-il ? par le Christ rédempteur de
toutes les servitudes, contempteur de toutes les oppres-
sions ?*

*Souhaitons-le, sinon pour nous, modestes et douloureux
pionniers des revanches françaises ; — du moins pour
nos enfants qui retrouveraient ainsi cette « douce-patrie »
que nos aïeux voulurent toute d'honneur et de chevaleresque générosité...*

GAUDIN DE VILLAINE.
Sénateur de la Manche.

5 octobre 1912.

AVANT-PROPOS

—

De tout temps, la Grande-Chartreuse et les sites merveilleux dont il semble qu'il a plu à Dieu de l'entourer,
ont fait l'objet de récits, de descriptions dans des journaux,
dans des revues et même dans des livres.

Jamais lieu consacré par la prière, jamais cadre privi-
légié de la nature, jamais monastère plus grandiosement
austère et plus admirablement conservé à travers les âges,
n'ont davantage sollicité la plume des écrivains, hommes de
lettres, journalistes, ou simples visiteurs Des poètes, comme
Lamartine, l'ont célébré en des vers immortels.

A côté d'eux, des célébrités, venues de tous les points du
monde, notamment de 1836 à 1863, personnages politiques,
savants, dignitaires de l'église, Seigneurs, Princes, admis
à saluer le T. R. Père Général dans sa cellule, tous ont
rendu hommage à la bonté douce et simple de son accueil,
à l'esprit de sainteté qui émanait de toute sa personne.

Le T. R. P. Général qui, dans cette longue période, a
administré le Couvent et dirigé l'Ordre, était Dom Jean-
Baptiste Mortaize, né à Rabat, département de l'Ariège,
le 5 mars 1796.

Etant du même village de Rabat, ayant entendu si souvent parler du Révérend Père Jean-Baptiste, mon père ayant été son camarade d'enfance et un de mes oncles, son condisciple de séminaire, j'ai voulu connaître le vénérable Prieur. Cette joie m'a été donnée dans deux visites au Couvent, sous son généralat. C'est leur récit et celui d'une troisième visite après sa mort, qui font l'objet du présent petit livre. Le produit de sa vente sera consacré à l'érection d'un buste du grand Prieur dans notre Eglise. Il sera bien là à sa place, auprès des statues de saint Joseph, de sainte Anne, de saint Sébastien, de saint Jean-Baptiste, de saint Eloi, qu'il aimait à vénérer dans son enfance, sous l'aube de l'acolyte, et, dans sa jeunesse, sous le surplis du diacre et de l'Abbé.

Il y sera, en même temps, pour la population foncièrement religieuse, un exemple de ce que peut, pour l'élévation d'un humble enfant de village aux hautes dignités de l'Eglise, l'amour de la religion, porté jusqu'à Dieu par une ardente foi.

TOUSSAINT NIGOUL

Rabat 1er mai 1912.

La Grande-Chartreuse

N jour du mois d'août 1911, me trouvant à Foix, à la librairie Gadrat, je fus présenté à M. l'abbé Blazy, curé de Daumazan, un des édacteurs du Bulletin historique *Ariéga christiania* ; et la conversation suivante s'engagea entre nous :

— Vous êtes, me dit-il, de Rabat, le village natal du Révérend Père J.-B. Mortaize, qui dirigea longtemps l'Ordre des Chartreux. Vous l'avez peut-être connu ?

— Oui, monsieur l'abbé ; autant qu'il fut donné au tout jeune homme que j'étais alors, de connaître le Prieur général d'un Ordre si cloîtré. Il avait été, au village, le camarade d'enfance de mon père. Ils avaient joué ensemble, étudié et tracé leurs premières lettres ensemble, sous la direction de M. le curé Laffitte, qui mourut archiprêtre de la cathédrale de Pamiers. Ils se ressemblaient par la douceur de leur nature et l'amour de la simplicité. Ce souvenir, joint à l'aspect de ma jeune figure, fit, sans doute, qu'à ma première visite à la Grande-Chartreuse, il me rapprocha de sa personne, autant que la règle, dont vous connaissez la rigueur, le permettait. Car, vous n'ignorez pas, monsieur l'abbé, que, seul, le Prieur général peut sortir de sa cellule, de son couvent même, et entrer en communication avec le public. Oh! il n'en use guère, l'esprit de l'Ordre, sa règle, étant tout en prière, en silence et en contemplation.

— Vous avez donc été, Monsieur, plusieurs fois à la Grande-Chartreuse?

— Trois fois : à vingt ans, dans deux circonstances ; vers ma cinquante-cinquième année ensuite.

— Ces visites ont dû être intéressantes. Vous devriez bien en faire l'objet d'un *Souvenir* (1).

— J'en ai l'intention, monsieur l'abbé, et peut-être que cet entretien en hâtera le moment.

Ce moment, aujourd'hui, est venu, écartant d'autres souvenirs. Il me sollicite, il me presse. Il sonne dans ma mémoire comme le tintement de la cloche qui, dans ce coin béni des Alpes, aux pieds du Grandsom, appelait les blancs moines à ces impressionnantes *Matines* auxquelles, le public, dans sa tribune, était admis à assister.

Et voici comment, dans le recul de mes ans, c'est avec une certaine émotion, et quelque fierté pour mon village, que je vais présenter ici le grand moine ariégeois, tel que je le revois dans ce cadre, à la fois merveilleux et austère, de cette Grande-Chartreuse de Grenoble, la première du monde, la mère, la génératrice des autres, créée par saint Bruno, que huit siècles de barbarie et de révolutions avaient respectée. Alors les foules, venues de toutes parts, visitaient le vieux monastère, sa magnifique forêt, ses superbes

(1) Le présent récit est extrait d'une série publiée par l'auteur sous le titre *Souvenirs, choses vécues*, et portant principalement sur plusieurs années de sa vie parisienne.

gorges au fond desquelles murmure le Guiès-Mort.
Maintenant, plus rien. Dispersées les robes blanches
des moines, fermées leurs cellules ; barrée la grande
porte d'entrée ! Jetée au vent de la spoliation, de la
cupidité, de la rapacité et des dolosives enchères,
cette liqueur, une des richesses de la France, par les
pères inventée, et dont le petit verre, dans la salle
d'Aquitaine, délectait le visiteur. Plus de cette soupe
chaude qui ranimait le pauvre de passage, tombé à
la porte défaillant.

J'apprécierai, au cours de mon récit, la pensée qui
a voulu cette chose, dont la première conséquence a
été de tarir cette source de richesse, d'éloigner les
foules de ces lieux, et d'y faire le silence et la mort.

*
* *

Un jour, dans un de ces moments graves où
l'homme décide de son sort, J.-B. Mortaize, ses études
ecclésiastiques terminées, se dit à lui-même : je
serai Chartreux.

Dans le livre de *la Vie des Saints*, qu'il portait
constamment sur lui, saint Bruno, le savant, le maître
du pape Urbain II, l'éloquent défenseur de la Doctrine
contre l'évêque simoniaque Manassès, était le modèle
qui hantait son esprit. Et, dans ses méditations, il se
répétait : *je serai Chartreux*.

Et voilà comment, un matin du mois de mars 1828,
il partit pour la Grande-Chartreuse, avec, pour guide
et viatique, son chapelet, se disant que, pour le reste,
le manger, le coucher, Dieu y pourvoirait.

La route est longue de Rabat à Grenoble. Elle était

en outre, périlleuse à l'époque, parcourue de loin en
loin par des rouliers, que détroussaient souvent des
malandrins, assassins et voleurs. Comment le jeune
abbé parvint-il au terme de son voyage? Le secret
en est resté dans son âme. Mais ce qu'on a su, c'est
qu'à Grenoble, l'hiver sévissait encore, blanchissant

les cimes des premières roches vers les Alpes, rendant difficile l'accès de la Chartreuse, même par la
grand'route qui, par Voreppe, Moirans, Voiron et
Saint-Laurent-du-Pont, conduit à l'entrée du *désert*,
au haut duquel se trouve le couvent.

Mais ce n'est pas cette route que notre voyageur
prendra. Il ira par le Sappay, la montagne que do-

mine le *massif* de la Grande-Chartreuse. C'est par là que Bruno, avec ses six compagnons, monta pour aller construire le monastère et fonder l'Ordre des Chartreux.

Mars est dur. Il pleut, il vente, et, par moment, des flocons de neige volent dans les airs.

Qu'importe au voyageur! plus sera rude et périlleuse l'ascension, et plus le mérite sera grand, et plus il aura de prix aux yeux de Dieu!

Il part par les sentes qui sillonnent d'abord le bas de la montagne, pour disparaître bientôt et faire place à de petites traverses, perdues dans l'herbe courte et les bruyères, et que, chez nous, dans notre patois si expressif et si imagé, nous appelons des *tragines*. Oh! il les connaît les tragines, car partout la montagne se ressemble. Ne les a-t-il pas foulées du pied aux flancs de la *Dosse* et des *Trois Seigneurs*? (1)

On lui a dit à Grenoble : c'est là-haut, derrière ce plateau, après une courte descente, le couvent.

Et, confiant, il monte... Il est déjà haut. Dans le bas, Grenoble se rapetisse, serre les toits de ses maisons. Et l'Isère, la large rivière, n'apparaît plus que comme un ruban gris ; à peine si son murmure monte jusqu'à lui.

Mais, voici que, tout à coup, le ciel se couvre et s'assombrit, et que la neige tombe à gros flocons ; en un instant le sol en est couvert. Elle colle aux pieds, rendant la marche pénible, l'arrêtant. — Que faire? Revenir sur ses pas? — Il n'y songe guère. — Il arrivera! ou bien, cette neige sera son suaire et la

______

(1) Les deux plus hauts sommets de la montagne de Rabat.

montagne son tombeau. Dieu lui tiendra compte de
l'effort ; il aura gagné plus tôt, tout de suite, le pa-
radis, dans ses méditations souvent entrevu.

Il va, raffermi, encouragé par cette pensée.

Mais, à présent, la neige fait rage, lui fouettant

douloureusement le visage, aveuglant ses yeux. Im-
possible d'aller plus loin. Interdit, il s'arrête, serran_t
vivement contre la poitrine son chapelet, accentuant
à haute voix le dizain.

Raffermi par ce bout de prière, il tente encore de
marcher. Il parvient ainsi sur le plateau. Le couvent
ne peut être loin ! Mais la nuit est venue, et, dans

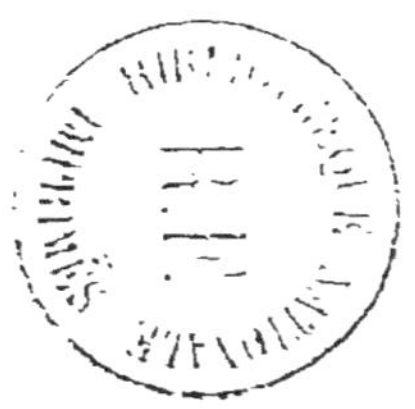

Phototypie Labouche, frères, Toulouse.

Vue générale de Rabat (Ariège), pays natal du T. R. P. Général Dom Jean-Baptiste Mortaize.

la neige, il enfonce jusqu'au genou. Vains efforts !
dans le fond, les pieds se figent, trempés, glacés.

Il se sent perdu.

Allons, il faut renoncer ! il faut mourir !

Alors, résigné, il place sur la nappe blanche le
chapelet, et, les mains jointes, contemplant la sainte
image du Christ sur la petite croix, il se récite les
prières des agonisants.

.   .   .   .

Mais, qu'entends-je ? Quel est-ce bruit ?... Un son
de cloche ?... Il vient à moi... il approche... Oh ! mon
Dieu !... C'est sans doute le couvent ! .. Et je vais
mourir !

.   .   .   .

On ne sut jamais, il ne sut jamais, par quel mira-
culeux effort il put parvenir jusqu'à la porte du
monastère.

La Providence, sans doute, avait voulu, par une
telle épreuve, le marquer pour sa glorieuse mission.

Sept ans après, dans la grande salle du Chapitre,
les Supérieurs de tous les couvents réunis élisaient
Prieur général de l'Ordre ce jeune père devenu
coadjuteur du Prieur décédé, et qui, à ce poste,
avait, avec un esprit de sainte piété, montré de rares
qualités d'administrateur, si utiles dans une maison
chargée de si importants intérêts.

Je veux dire tout de suite qu'il présida, pendant
près de 40 ans, aux destinées de l'Ordre, et que les
moines fugitifs ont emporté dans l'exil son image
dont j'ai sous les yeux une reproduction, comme on
emporte l'image d'un saint.

*
* *

Le souvenir du Révérend Père Jean-Baptiste était si vivace au village, on en parlait tant dans ma famille, qu'un jour un désir intense me prit d'aller le voir.

L'occasion venait de s'en présenter. Reçu au concours pour l'Administration des Télégraphes, je demandai à faire mon surnumérariat à Grenoble. Je verrais en même temps, sur mon passage, ces villes du littoral méditerranéen, dont les noms, au collège, dans les livres, résonnaient avec tant d'harmonie ! Comtempler cette Méditerranée, l'*Orfassa* des Grecs, la *Mare nostrum* des Romains, qui, de Troie à Athènes, à Alexandrie, à Syracuse, à Carthage, à Marseille, et jusqu'aux colonnes d'Hercule, avait porté les trirèmes et les légions romaines victorieuses des peuples ! Voir réalisés, ces mirages de ma jeune imagination, quel rêve, à vingt ans !

Je pars, par une belle journée de Juillet.

Voici *Carcassonne* et sa cité ; sombre, triste, superbe ruine du passé, étendue froide, inerte, comme une morte, là-bas, à l'horizon.

Narbonne, allongée dans la campagne, se grise de ses vins.

Cette, sur mon passage, est le premier port d'où partent les blanches voiles. Elles se balancent et se suivent, semblables à des oiseaux, sur les routes invisibles de la mer ; invisibles pour nous, mais d'elles bien connues ! Ainsi vont les mouettes grises et les albatros blancs. La mer bleue sous le ciel bleu, à l'infini ! Oh ! cette première impression pour l'âme et pour les yeux !

Montpellier est justement fière de son Peyrou, de son Université, des générations d'hommes illustres, sortis de son sein fécond : des savants, des artistes, des hommes politiques, des philosophes, des généraux. Pour n'en citer que quelques-uns : le médecin Moquin-Tandon, le chirurgien Barthez, le général Lepic, les peintres Glaise et Cabanel, les conventionnels Cambacérès et Cambon, le philosophe Auguste Comte, fondateur et apôtre du *positivisme*, ce *demi-fou* de génie, comme le qualifiait dernièrement le grand médecin Grasset.

Nîmes, la romaine, montre orgueilleusement au passant ses Arènes, sa Maison Carrée, son temple de Diane, sa porte d'Auguste, sa tour Magne, sa fontaine de Pradier ; — Vingt siècles, réunis dans son enceinte ! Et, tout là-bas, dans la campagne, ce gigantesque pont du Gard dont les arches immenses, superbes, se dressent et se courbent, gracieuses, dans les airs ; aqueduc et viaduc à la fois, comme la vieille Rome savait les construire, et qui portaient à Nîmes les eaux de la Durance et les légions de César.

Assises nonchalamment de chaque côté du Rhône, *Tarascon* et *Beaucaire*, se regardent, se parlent, se visitent par le long pont de fer qui les unit.

Une musique militaire jouait ce soir-là sur une promenade de Tarascon, pendant que le soleil descendait doucement vers l'horizon dans une poussière d'or. C'était une de ces heures que donne à la Provence l'Orient, faites à la fois de brises fraîches du

Rhône, de chaleur tiède et d'effluves chaudes. Les officiers élégants allaient et venaient au milieu des jolies promeneuses, et ces jeunes filles étaient très belles sous leur coiffure arlésienne, leur teint d'albâtre bruni et leurs yeux noirs.

Cette forêt d'oliviers, d'un vert sombre, qui s'allonge vers Arles et vers la mer, laissant à sa gauche la désolée plaine de la Crau, est bien impressionnante pour qui la voit pour la première fois. O Mistral ! O Mireille ! O Magali !

Avignon avec son pont, où *tout le monde passe,* — rondes de mon enfance, où êtes-vous ? — est une ville presque morte, endormie dans son antiquité, dans ces poétiques souvenirs : la fontaine de Vaucluse, Pétrarque, Laure de Noves, la Dame révérée du poète à l'exemple d'une Madone, de cette Madone qui lui inspira ses sonnets immortels, d'un parfum si pénétrant de vie et de mort. comme d'ailleurs l'indique ce titre voulu du poète *Rime in vita e in morte di Madona Laura.* Ah ! comme ces poètes savaient aimer !

Avignon est surtout remarquable par le château des Papes ; une majestueuse relique du Moyen Age, où se réfugia, en 1309, le pape Clément V, menacé dans Rome par les émeutes continuelles qui agitaient à l'époque la ville et toute l'Italie,

La papauté séjourna 68 ans dans cet exil que l'on a appelé la *captivité de Babylone* ; appellation que l'histoire a consacrée. Elle assura même à la ville et à la contrée la tranquillité et le bien-être, pendant qu'en Italie les guerres civiles ravageaient et ensanglantaient tout. Avignon, dans cette période, devint même un refuge et un foyer pour les belles-lettres, elles aussi persécutées. C'est leur sort dans les révolutions : Sous la nôtre, à la Convention, ne se trouva-t-il pas un sauvage pour proposer de faire du jardin des Plantes un champ de pommes de terre et du *Museum*, une écurie !

Le Château des Papes fut pour les belles-lettres une cour avec les papes pour protecteurs.

Depuis longtemps, la merveilleuse relique se détériorait, menaçait ruine. Le Gouvernement, bien inspiré, l'a prise sous sa garde et en a fait un musée.

Valence, patrie du brave général Championnet, étouffe, aveuglée par le mistral.

Enfin, *Grenoble* (*gratiana polis*), la coquette, la gracieuse, la jolie. Là, le connétable Lesdiguières, le compagnon d'Henri IV, fit bâtir un superbe château, digne pendant de celui de Vizille, où se tinrent, en 1788, et où rédigèrent leurs fameux cahiers, les Etats du Dauphiné. Le château de Grenoble est devenu l'hôtel de la préfecture — *habent sua fata domi*. La lourde rapière du connétable s'est muée en une légère épée de préfet.

Bourbaki commandait à Grenoble. Il était le plus jeune des généraux de l'armée et un des plus renommés pour ses faits de guerre en Algérie, en Crimée et en Italie. Aux jours de grande revue, on allait le voir se dresser sur son cheval et saluer, de toute la hauteur de son bras et de son épée, le drapeau.

Un jour, l'Empereur et l'Impératrice traversèrent Grenoble, allant visiter la Savoie, récemment annexée. Grenoble leur donna des fêtes magnifiques. La femme de toute grâce et de toute beauté qu'était

l'Impératrice, exaltait tous les cœurs. C'était l'apothéose de l'Empire sous tant de lauriers encore verts ;
le sommet où la roue semble s'arrêter un instant
pour donner peut-être à l'homme, simple particulier
ou monarque, le temps de jeter un regard sur l'avenir
et de réfléchir.

Il m'est resté de ces fêtes comme un éblouis-
sement.

**

On allait de Grenoble à Saint-Laurent-du-Pont en
diligence. De Saint-Laurent, on montait à la Grande-

Le Château des Papes, à Avignon.

Chartreuse en voiture particulière, ou à pied : deux heures de marche, au petit pas, en contemplant les beautés du chemin.

On arrivait à Saint-Laurent sur les neuf heures. On trouvait du café, du chocolat, du thé, à un hôtel fort bien tenu. Cela permettait d'attendre le déjeuner du couvent, que l'on servait, d'ailleurs, à toute heure.

Le couvent s'étend sur un plateau, au bas d'une colline qu'entourent de grands bois et que dominent de hautes roches couronnées par le Grandsom. Le tout constitue ce qu'on appelle le *massif* de la Grande-Chartreuse.

Le couvent est un ensemble de constructions, de style composite, dans lequel domine le gothique. Le gothique est là, d'ailleurs, partout : dans le costume des Pères, dans leurs prières, dans leurs chants, dans les stales de leur église, faites comme des tombeaux. Tout y respire le sépulcre ; tout y appelle la mort : *Mors et vita* — la mort qui ouvre les portes de la vie !

A l'entrée, se trouvent quatre petits pavillons, pour le portier et les gens du service. A l'extrême gauche de ces pavillons, se dresse une petite chapelle s'ouvrant sur le dehors. Le dimanche, un Père y célèbre la messe, que les dames peuvent entendre à travers une grille, car il leur est interdit de pénétrer dans le couvent. Exception était faite cependant pour les princesses du sang royal, ainsi qu'il résulte d'un épisode que je relaterai bientôt.

Un carré allongé forme la grande cour par laquelle

on pénètre dans l'intérieur. Cinq grands pavillons se présentent dès l'entrée, dits d'*Italie*, d'*Allemage*, de *Bourgogne* et *Chartreuse*, de *Provence* et d'*Aquitaine*. Leurs rez-de-chaussée sont affectés à des réfectoires pour les visiteurs. Un bâtiment central relie ces pavillons : il est divisé en deux parties, dénommées *Provinces de France et de Picardie*. Le premier étage renferme des chambres pour les étrangers, et, le second, des chambres également pour les *frères convers* qui accompagnent les Prieurs des autres Chartreuses lorsqu'ils viennent pour élire le Prieur général. A l'entrée du corridor qui desservait ces chambres, je pus lire cette inscription : *cameræ fratum conversorum*. S'y trouve-t-elle encore? Ou bien a-t-elle disparu sous la main sacrilège de quelque liquidateur?

Le reste du monastère était occupé par la chapelle où les Pères allaient prier, psalmodier les impressionnantes *Matines* et par leurs cellules au nombre de 36. Là se trouvaient également la salle du Chapitre, la bibliothèque, les longs couloirs donnant accès à toutes les pièces et, enfin, le cimetière où, seules, les tombes des Prieurs généraux sont marquées par de grosses croix en pierre, sans aucune inscription.

Vu des hauteurs qui le dominent, le couvent donne l'impression d'une cité sainte, tombée là, miraculeusement, du ciel.

Une personne m'y attendait, venue, comme moi, pour connaître le Prieur : c'était l'abbé Nigoul, son neveu maternel, à l'époque vicaire de Rabat. Une chambre particulière lui avait été affectée où le Révérend Père venait s'entretenir avec lui. Je venais d'arriver, quand le Prieur heurta doucement à la

porte et entra. Je sentis à sa vue une indicible surprise : cette robe blanche faite d'une grossière laine,
ce lourd chapelet pendant à la ceinture, cette incli-
naison humble de la tête, cette voix plutôt faible,

l'air comme gêné de sa personne... Ce n'était pas
ainsi que, dans le mirage de mes vingt ans, je me
l'étais figuré. Mais la gêne n'était qu'apparente et
uniquement dans mon imagination. Je m'en
aperçus bien vite. Il me demanda :

— Vous êtes le voyageur attendu par M. l'Abbé ?

— Oui, mon Père.

— Il n'y a pas longtemps, que vous avez quitté le village ?

— Trois jours, mon Père. Le temps de chercher une chambre à Grenoble, et je suis venu. J'avais hâte de connaître la Grande-Chartreuse, de vous...

— Oui. J'ai appris que vous avez perdu votre père ; c'était un excellent cœur ; j'ai dit ma messe à son intention. Je n'ai pas connu votre mère ; elle devait être très jeune, une enfant, quand j'ai quitté Rabat. Je me souviens par contre de votre tante Pierrette, une sainte fille ; elle vit encore ?

— Toujours, mon père, et toujours la même : l'âme virginale du foyer ; elle est ma marraine ; je l'aime bien.

— Oui.. Je ne parle pas de votre oncle le curé, j'en ai eu de bonnes nouvelles par M. l'Abbé. Il se plaît toujours à Gourbit. Il fut mon condisciple à Toulouse, au séminaire de Lesquille ; il était modeste et bon. Il se rappelle d'ailleurs par de bonnes œuvres à notre souvenir. Vous êtes venu à Grenoble pour apprendre le télégraphe. Ce doit être une belle invention que ce moyen de correspondre ainsi, par un fil, à grande distance, sur cette terre ; nous, nous avons la prière pour communiquer avec le ciel.

Après un court silence, il ajouta :

— Vous êtes, en famille, ici ; c'est un peu Rabat aujourd'hui dans notre montagne. Seulement, ici, nous sommes plus près du ciel.

Sur ces mots, il s'inclina légèrement et sortit, accompagné par l'abbé.

Pendant ce temps, je suivais par la pensée, j'avais
encore devant mes yeux l'homme blanc ; j'avais dans
mes oreilles ses paroles. Il était plutôt petit de taille,
la tête légèrement penchée de côté ; sans doute par le
long usage de la prière et de la méditation. Un de ses

yeux était voilé, comme menacé d'une prochaine cé-
cité. Une calme et claire intelligence émergeait de son
front qu'auréolait la couronne rituelle, faite de rares
cheveux. Sa voix était douce, avec des inflexions na-
turellement tendres qu'il s'efforçait de comprimer ;

on sentait que, dans le moine, un peu de l'homme survivait.

A ce moment, Etienne, son domestique particulier, entra et me dit :

— Monsieur, j'ai ordre de vous donner la chambre de Lamartine..

— La chambre de Lamartine?

— Oui, Monsieur.

— Du poète?

— Moi, Monsieur, je ne sais pas... Je sais seulement qu'on l'appelle la chambre de Lamartine et qu'il y a des vers.

— Des vers ! Il y a des vers?

— Oui, Monsieur, sur les murs.

— Mais certainement, appuya l'abbé, vas-y voir.

Et j'y allai voir... Et je lus, effectivement, sur les murs les strophes suivantes que le poète a recueillies dans son beau livre : *Nouvelles méditations*, sous le titre : *Improvisée à la Grande-Chartreuse.*

Jéhova de la terre a consacré les cimes ;
Elles sont de ses pas le dernier marchepied ;
C'est là qu'environné de ses foudres sublimes,
    Il vole, il descend, il s'assied.

Sina, l'Olympe même, en conservent la trace ;
L'Oreb, en tressaillant, s'inclina sous ses pas ;
Thor entendit sa voix, Gelboé vit sa face ;
    Golgotha pleura son trépas.

Dieu que l'Hébron connaît, Dieu que Cédar adore !
Ta gloire à ces rochers jadis se dévoila ;
Sur le sommet des monts nous te cherchons encore ;
    Seigneur, réponds-nous es-tu là ?

Dès qu'il aperçut l'église du monastè. e, il fut fortement ému (p. 35).

Paisibles habitants de ces saintes retraites,
Comme au pied de ces monts où priait Israël,
Dans le calme des nuits, des hauteurs où vous êtes
　　N'entendez-vous donc rien du ciel ?

Ne voyez-vous jamais les divines phalanges
Sur vos dômes sacrés descendre et se pencher ?
N'entendez-vous jamais des doux concerts des anges
　　Retentir l'écho du rocher ?

Quoi ! l'âme en vain regarde, aspire, implore, écoute,
Entre le ciel et nous est-il un mur d'airain ?
Vos yeux, toujours levés vers la céleste voûte,
　　Vos yeux, sont-ils levés en vain ?

Pour s'élancer, Seigneur, où ta voix les appelle,
Les astres de la nuit ont des yeux de saphirs ;
Pour s'élever à toi, l'aigle au moins a son aile ;
　　Nous n'avons rien que nos soupirs.

Que la voix de tes saints s'élève et te désarme ;
La prière du juste est l'encens des mortels ;
Et nous, pêcheurs, passons : nous n'avons qu'une larme
　　A répandre sur tes autels.

*
* *

A deux mois de là, je dus quitter Grenoble pour
me rendre à Bourg, où m'appelait un intérim.

Mon premier soin fut d'aller faire mes adieux au
Révérend Père Jean-Baptiste que, sans doute, je ne
reverrais plus.

C'était octobre, un dimanche, une de ces mati-
nées faites de fraîches brises et de soleil encore doux.
Plus de voyageurs, plus de touriste dans ces sombres
gorges, à mon premier voyage à peine entrevues.
Aucun bruit, sauf, par moment, le battement de
l'aile et le cri strident du martin-pêcheur montant

des profondeurs du Guies-mort ; le vrai désert dans son silence mystérieux.

J'avais quitté Saint-Laurent qui m'avait paru une ville morte ; je m'avançais dans le chemin tortueux qui contourne si pittoresquement le flanc des roches, un peu attristé de cette pesante solitude. Pour distraire ma pensée, je me reportai à de récentes lectures de récits relatifs à ces lieux, à des personnages qui jadis avaient fait cette ascension. La première figure qui vint à moi fut celle de saint Bernard, le célèbre abbé de Clairvaux, le terrible et impitoyable adversaire d'Abélard, le fougueux prêcheur de la 2ᵉ croisade. Le grand moine fit, en 1126, le voyage de la Grande-Chartreuse.

Voici comment Denis le Chartreux relate ses impressions : « Dès qu'il aperçut l'église du monastère, il fut fortement ému, rempli d'une divine componction, tout enflammé et plein du désir de voir, d'entendre et d'entretenir les frères de cette maison auxquels il fit un sermon. » De son côté, L'abbé de Rancé, parlant de cette visite, dit : « Il fut reçu à la Grande-Chartreuse avec tout le respect et la considération qui étaient dus à un mérite et à une piété aussi éclatante que la sienne. Tous ceux qui le virent furent édifiés de son extérieur, de son humilité, de ces paroles de vie et de bénédiction qui sortaient de sa bouche. Une seule chose les blessa : ce fut le harnais du cheval qu'il montait ; il leur parut trop propre, trop riche et peu convenable à une personne de sa profession ; et le saint l'ayant su, n'en fut pas moins surpris que les autres : on lui avait prêté le cheval pour faire son voyage, et il avoua simplement qu'il n'avait pas encore remarqué de quelle sorte en était l'équipage. Saint Bernard quitta la chartreuse, rempli d'estime pour ceux qui habitaient ce désert et pour celui qui en était le chef, à qui il adressa une lettre où il lui disait : « Quel bonheur pour vous d'être caché dans le tabernacle du Seigneur pendant les mauvais jours ! Pour moi, je me vois environné de périls : je suis pauvre, dépouillé, un oiseau faible et sans plumes, toujours hors de son nid, exposé aux tourbillons. Ainsi, quoique je ne mérite pas votre compassion, du moins que tant de maux me l'attirent. »

Le prieur auquel cette lettre s'adressait était le cinquième général de l'Ordre, Guigues *le Vénérable* qui écrivit la *Carte*, c'est-à-dire les statuts, c'est-à-dire la constitution même de l'Ordre ; constitution restée de tout temps immuable et qui a été définie : *Cartusia nunquam deformata*. Carte sacrée dont un père Chartreux, dans un ouvrage très remarquable, a pu dire : « Dès que l'Ordre prit de l'extension, au commencement du douzième siècle, nos ancêtres surent nous donner une constitution aussi forte qu'elle était large, aussi sage qu'elle était, gardienne de la seule vraie liberté qui consiste, non point à pouvoir faire le mal ou le bien, mais au contraire à être dans l'heureuse nécessité de ne faire que le bien ; tout en choisissant, parmi ce qui est bien, ce qui nous paraît le meilleur.

« C'est, ajoute l'auteur, à ce système de gouvernement que les Chartreux doivent d'avoir vécu tant de siècles et d'être restés fidèles à leurs règles. On l'a dit, et c'est vrai : *Cartusia nunquam reformata quia nunquam déformata.* »

Puisque j'en suis aux anecdotes d'une si haute religiosité émanant de ce désert, de ce couvent, je me plais à reproduire la suivante du même auteur.

« Au temps du R. P. Dom Jérome Marchand (1588-1594), Dom Louis de Bazemont, Prieur de la Chartreuse de Val-Profonde, près Joigny (Yonne), se rendait au Chapitre Général.

« Il montait fort tranquillement, lorsque, tout à coup, son cheval fait un faux pas et glisse par une de ces nombreuses fentes ou couloirs qui bordent la route à chaque instant. Monture et cavalier disparaissent dans l'abîme. La triste nouvelle de l'accident arrive au monastère. Vite, les serviteurs, avec des échelles et des cordes, descendent sur les rives du Guiers ; ils veulent au moins retrouver le corps de l'infortuné Prieur ; et voilà que, soudain, ilsaperçoivent Dom de Bazemont assis sur un quartier de roc et récitant son bréviaire avec le plus grand calme. Son cheval était près de lui, l'un et l'autre sans blessures. »

A l'époque, le chemin de Saint-Laurent au monastère, n'était qu'une fondrière où l'on avançait péniblement. Aujourd'hui, ceux qui l'ont parcouru savent qu'il est large, uni et bordé de parapets qui assurent toute sécurité ; un superbe chemin, en un mot, pour les voitures et les autos.

Donc, ce matin d'octobre, je montais, au milieu de la solitude la plus profonde, au couvent. Je marchais dans cette sorte de frisson que donne le silence des lieux déserts. Je hâtais le pas. J'étais en transpiration quand je fus introduit dans la cellule du R. P. Prieur. Un rayon de soleil pénétrait par le croisillon de la cellule et mettait une petite nappe blanche sur le plancher.

— Vous transpirez ? me dit le bon Prieur.

— J'ai marché un peu vite, mon père ; c'est un peu l'habitude chez nous quand on va seul dans la montagne.

— C'est vrai ; mais c'est aussi une habitude de chez vous de parer quand on arrive, le dos au soleil ; faites-le, tenez, dans ce rayon.

Il continua : J'ai reçu votre lettre. Vous quittez Grenoble. Vous êtes destiné sans doute à voyager beaucoup. Vous avez emporté certainement de votre famille des sentiments religieux et une foi si ferme que je n'ai rien à ajouter aux exhortations et aux conseils qui ont dû vous être donnés, particulièrement par M. le curé de Gourbit. Que Dieu vous garde et vous protège, mon enfant.

Je m'inclinai en remerciant.

— Vous devez avoir faim, ajouta-t-il ; votre déjeuner doit-être prêt. Je vous reverrai dans l'après-midi. Il y a une chose que je vous demande déjà : c'est que vous retourniez à Grenoble par le Sappay. Je vous donnerai un guide et un bâton pour vous appuyer dans les descentes ; ce bâton (1) sera un souvenir de votre passage ici. Le chemin de ce côté finit à Saint-Pierre-de-Chartreuse, notre paroisse, le dernier village dans la montagne. Je vous donnerai un mot pour M. le Curé. Vous dînerez et coucherez au presbytère ; le guide vous accompagnera ensuite, aussi loin que nécessaire, en regard de Grenoble,

______

(1) J'ai conservé le bâton, comme on conserve une relique. Il est fort, en prunier sauvage, régulièrement noué. Il mesure 1 ^m 50. Solidement ferré, il peut servir de pieu ou de lance contre un fauve ; tenir en respect, en cas de mauvaise rencontre, tout être malfaisant. Il ne m'a servi, par la grâce, sans doute, qui est en lui, qu'à gravir les flancs de nos montagnes, à franchir des ruisseaux, à me maintenir dans les éboulis. Maintenant que le poids des ans ne me permet plus ces rudes ascensions, il se repose ; nous nous reposons ensemble. A mes côtés, dans ma bière, il me semble qu'il écartera les mauvais esprits qui nous assiègent dans la vie et nous poursuivent, dit-on, jusque dans la tombe.

T. N.

où vous serez avant midi... Le Sappay, poursuivit-il, est le chemin par lequel est venu saint Bruno avec ses bienheureux compagnons. Moi-même j'ai eu le bonheur de venir par là.

A ce point de sa conversation, la porte de la cellule s'ouvrit et un Père entra. Il tomba aussitôt à genoux devant le Prieur, prosterné dans la plus grande humilité. Je me levai pour sortir ; mais, d'un signe, le Prieur me retint. Une minute s'écoula dans le plus profond silence ; après quoi, le Prieur traça sur le Père un signe de croix ; le Père se releva lentement les mains jointes et sortit.

Comme je saluais et me retirais de mon côté, le Révérend Père me dit :

— C'est entendu, je vous reverrai tantôt.

Je vois encore la cellule, le rayon de soleil, le Père prosterné, le signe de croix du Prieur, sa personne qui me parut grandie, transfigurée dans la gravité du signe rédempteur.

Ce jour là, sous la conduite d'Étienne, je pus voir des choses qu'on ne montrait pas habituellement au public. Ainsi, notamment, le réfectoire commun aux Pères, et *la cloche qui parle* dans la chapelle des morts.

Une belle salle gothique, voûtée, mesurant 24 mètres de long sur 7 de large, constitue le réfectoire. Au fond, est disposée une table spéciale pour le Prieur ; d'autres tables viennent ensuite pour les autres Pères qui y siègent par rang d'ancienneté ; les plats, les assiettes, les cuillers, les fourchettes, sont en bois ; deux petits pots d'étain servent pour le vin et l'eau ; le verre est une tasse à deux anses que l'on boit en la prenant à deux mains, suivant l'ancien usage cartusien ; sur les murs, sont fixés un grand Christ et des tableaux de piété ; contre un des murs, se dresse une chaire.

— Les Pères, me dit Etienne, ne prennent leurs repas ici que le dimanche et certains jours de fête. Ils ne parlent pas ; ils écoutent une lecture faite dans cette chaire par l'un deux. Ceci, ajouta-t-il, en soulevant le couvercle d'une marmite, c'est la soupe au choux pour ce soir. Le grain qui manque à ce raisin, là, sur cette assiette, est ce que nous appelons, entre nous domestiques, la *tentation*.

— La tentation ! comment cela ?

— Voici : le Père a pris un grain à ce raisin ; le trouvant bon, trop bon, il s'est arrêté. Un instant après, il a dû regarder longuement le raisin ; il s'est abstenu. Même envie la fois suivante ; même abs-tention. Vous comprenez maintenant la tentation. Et pour l'exciter, les raisins sont choisis et souvent renouvelés. Il en est de même des autres fruits, pommes, poires, noix, selon la saison.

— Mais, demandais-je, les pères n'usent-ils pas de moyens plus sensibles de mortification, le cilice, par exemple ?

— Non, Monsieur ; pas plus de cilice que d'autres objets de ce genre, capables d'attenter à la vie, de l'abréger. Au contraire, la règle veut que le père vive le plus longtemps possible ; et nous avons des exemples de moines octogénaires et nonagénaires. Un père a même dépassé cent ans. Vous comprenez :

ils sont ici pour la prière ; il faut donc qu'ils vivent
le plus possible. Ce n'est pas seulement pour eux
qu'ils prient — ils n'en ont guère besoin, eux, allez !
— c'est pour vous, pour moi, pour tout le monde.
Il faut donc qu'ils se conservent en santé. Et, tenez,
si un père tom-
be malade, il
doit le dire; on
le soigne ; on
appelle, si c'est
nécessaire, un
médecin. D'ail-
leurs, un mé-
decin attitré
vient en tour-
née tous les
mois de Saint-
Laurent.

Nous étions
parvenus à la
Chapelle des
morts. Il me
fut donné de
voir *la cloche
qui parle.* Pe-

tite de dimension, bien moulée, jolie de sa virginale
vétusté, vivante, parlante en effet, elle a son histoire
et sa chanson. Que dis-je sa chanson ?... sa prière !
une prière, la plus jolie, la plus poétique qui soit.
Elle dit, la mignonne campanette : « Je m'appelle
Brunone. J'ai été fondue pour la première fois en
1671. Puis, de nouveau, ici même, à la Grande-Char-

treuse, en 1749, sous le généralat du Révérend Père Dom Michel (Brunier de Larnage). J'ai été destinée pour la Chapelle du cimetière. Je frappe les airs de ma voix, et crie vers le ciel : O saint Père Bruno, priez pour vos enfants vivants et morts. »

Et, ajoute le Père chroniqueur auquel j'emprunte ces lignes : « Cette cloche, portée à Villette, pendant la Révolution, est revenue prendre son ancienne place, et répète toujours : *At sonitu , meo acrem verberans, clamo in coelum : Sante Pater Bruno, ora pro filiis tuis, vivis et de functis !*

Ne croirait-on pas entendre la voix de la fameuse cloche de Schiller criant du haut du clocher de Munster : *Vivos, voco, mortuos plango, fulgura frango ?* — Seulement, ici, l'accent est doux, tendre, celui de la prière adressée à un saint.

Ensuite, toujours conduit par le brave Etienne, je continuai à visiter les autres points du couvent. Ceux-ci devant trouver place, avec plus d'intérêt, dans ma troisième et dernière visite, je me borne à m'arrêter un instant à l'examen d'une des cellules habitée par un moine, celle que l'on montrait habituellement étant inhabitée.

Le couvent comprend, je le répète, 36 cellules. Elles règnent autour du cloître, faisant saillie au dehors, séparées et espacées, comme les gros grains qui séparent les dizains d'un chapelet. Est-ce hasard ? est-ce voulu ? elles produisent, en effet, l'impression d'un énorme chapelet enlaçant le couvent.

La cellule est la chose principale, essentielle, en même temps que la plus intéressante de tout monastère. Elle constitue la demeure particulière, toute

personnelle du moine ; elle est sa propriété, sa chose,
sa maison. Elle a été fondée pour lui, pour son
usage exclusif, par quelqu'un qui, par acte authen-
tique, a dit : je donne telle somme pour qu'il soit
créé à tel monastère une cellule pour un moine à l'en-

tretien duquel (vêtements, nourriture et le reste), je
consacre telle somme dont le revenu servira à cet
effet. — Toutes les cellules de la Grande-Chartreuse
ont été ainsi fondées. Toutes proviennent de dona-
tions de monarques, de reines, de princes, de princesses, de seigneurs, et même de simples particu-
liers. Le moine est ainsi la créature, la personne, le

religieux du fondateur de sa cellule ; celui qui lui succèdera, le continuera : *le mort saisira le vif* ; à la seule condition que, tous les jours il dira un certain nombre de prières pour le fondateur. La cellule est toujours close : personne, autre que le prieur n'a le droit d'y entrer. Sa porte est munie d'un verrou à l'intérieur et d'un guichet pour le passage de la nourriture qu'apporte un domestique ; car le père prend ses repas dans sa cellule, tous les jours, excepté le dimanche où il les prend au réfectoire commun, ainsi qu'il vient d'être dit.

La cellule se compose d'un rez-de-chaussée, d'un premier et d'un jardinet. Le rez-de-chaussée comprend un bûcher et un atelier ; il communique avec le premier par un escalier. Le premier renferme deux pièces, séparées par un petit réduit qui sert d'oratoire et de bibliothèque. Un prie-Dieu, un Christ, un placard pour les livres en sont le mobilier. La première pièce constitue la salle à manger ; elle a pour mobilier une table et une chaise. La seconde pièce est à la fois la chambre à coucher du Père et son église. Elle comprend un autel pour sa messe, et son lit. Le lit est une sorte de bas placard dans le mur. Il est composé d'une paillasse en grosse toile, d'un traversin, d'un seul drap replié sur lui-même et d'une couverture de laine ; celle-ci a remplacé la primitive peau de mouton. Ce lit et cet autel sont particulièrement impressionnants. Sur un signe de la cloche de la grande chapelle, tous les Pères se mettent à dire à la fois leur messe. Ils ne sortent de leur cellule que pour se rendre tous les jours à la chapelle pour les Matines qui commencent sur les minuit. Rien de saisissant comme ces Matines pour lesquelles un frère réveille, au besoin, le visiteur qui désire y assister. Dans l'obscurité de l'église, à la seule lueur de la veilleuse du sanctuaire, on voit arriver chaque Père, tenant une lanterne sourde à la main. De la main libre, il tire de toutes ses forces, sur un gros câble qui tombe de la voûte. On entend là-haut un son de cloche, qui se continue tout le temps de l'arrivée des Pères. Le moine ouvre sa stalle — une sorte de grande caisse carrée ; — il pose sa lanterne sur l'entablement, l'œil tourné sur un gros livre placé sur un pupitre. La cloche se tait ; un bourdonnement de voix emplit l'église ; les Matines commencent. Elles se poursuivront jusqu'au jour. Et c'est encore impressionnant de voir l'aube entrant progressivement par les vitraux, chassant peu à peu les ténèbres, et les moines disparaître, comme fuyant, eux aussi la lumière du jour.

Les Matines, je le répète, forment le spectacle le plus intéressant. Il a été souvent décrit dans ses détails. Il a même suscité d'illustres conversions.

La cellule, ai-je dit, comprend un atelier. Les statuts de l'Ordre veulent que tout Père — et on n'est Père qu'à la condition d'avoir acquis la prêtrise — ait un état manuel, ne nécessitant l'emploi ni de feu, ni de lumière. Mesure, de précaution, inspirée par les nombreux incendies qui, dans le temps passé, ont dévasté et même détruit de fond en comble le monastère.

Si le père n'a pas eu dans sa vie, de métier, et c'est presque toujours le cas, on fait venir de Saint-Laurent un maître qui lui enseigne celui qu'il désire. Il est des sujets qui, par la suite, deviennent si habiles qu'ils arrivent à produire de véritables œuvres d'art. C'est ainsi que les sculptures, très remarquables et très remarquées, de la chapelle, soit ajourées soit en plein bois, ont été exécutées par des chartreux.

Ici, trouve sa place l'anecdote que j'ai annoncée en disant que les reines et les princesses du sang avaient seules le privilège d'être admises dans le couvent. Mais, auparavant, une très curieuse vieille page d'un touriste allemand sollicite ma plume. Elle ajoute une note pittoresque au crayon que je viens de tracer de la cellule. Je crois qu'elle intéressera le lecteur.

La page émane d'un certain Abraham Golnitz, qui vint à la Grande-Chartreuse en 1630. Je la détache de son *Journal*, ou, plutôt du livre du chartreux qui la reproduit. Il voyage à cheval avec des compagnons ; il paraît mécontent qu'on les ait obligés de déposer leur rapière dans la loge du portier. — « En sortant du Chapitre, dit-il, nous voyons une salle où l'on fait des conférences aux novices en français. Le cimetière est de la plus grande simplicité, sans aucun monument. Une croix de fer (1) indique la tombe des Prieurs généraux. Il y a dans le réfectoire deux longues tables et une chaire d'où l'on

(1) La croix est actuellement en pierre. Le chartreux dit dans son livre que l'Abraham Golnitz doit avoir mal vu ; que les croix ont dû de tout temps être en pierre. Et le chartreux doit être dans le vrai, si l'on considère que rien n'a été changé, depuis le xvii° siècle surtout, aux prescriptions cartusiennes, et que, dès le principe, la forme comme la matière des croix en question avaient dû être immuablement arrêtées. — La croix actuelle est basse et les bras en sont lourds et forts.

Entrée du désert.

fait la lecture pendant les repas. L'église est sombre et pas très grande. On y voit une lampe d'argent d'un poids considérable, avec cette inscription : *Domus Cartusiana Ratisbonæ* (don de la chartreuse de Ratisbonne). — Dans les cellules des moines, les chambres sont entièrement boisées « et, malgré cela, dit l'auteur des *Antiquités de Paris* (J. du Breuil, 1612), c'est une chose générale par tout l'Ordre, que Dieu n'a point voulu que les moines de cet Ordre soyent affligez et inquiétez de ces puanltes bestioles, appelées punaises, et on a exempté toutes leurs cellules, desquelles autrement et difficilement ils se pourroient garantir, pour y avoir grande disposition, à cause qu'ils couchant vestus, n'usent point de linge, changent peu souvent d'habits, ont leurs cellules faites de bois par dedans, leurs llicts fermés de bois, au lieu de courtines, et le fouare (la paillasse) de leur lict, qu'ils sont si peu curieux de changer, qu'il y en a qui ne les changent pas en vingt ans une fois ».

Et maintenant l'anecdote : Un jour, la duchesse d'Angoulême se présenta avec sa suite pour visiter le couvent. La conduite fut faite par le Père R. Jean-Baptiste, alors déjà Prieur général. Tout intéressa vivement l'auguste fille de Louis XVI, que, dans la tour du Temple, son jeune âge, sa douceur et son innocence avaient sans doute protégée et sauvée de de la guillotine. La cellule l'impressionna tout particulièrement. Elle se prosterna devant l'autel. Sa méditation accomplie, elle descendit à l'atelier, toucha de la main, sur l'établi de menuiserie, les objets et les outils qu'avait touchés le Père : une scie, un rabot, un marteau, des tenailles, des clous, une croix ébauchée.

Elle passa ensuite au jardinet. A la branche d'un rosier, une belle rose se penchait dans son plein épanouissement. Instinctivement, la Princesse tendit la

main pour la cueillir. Elle la retira aussitôt, un peu confuse, disant : — J'allais commettre une mauvaise action ! Cette fleur est peut-être la seule joie du bon Père. — Mais, instinctivement aussi, le Révérend Père avait détaché la rose et la lui offrait en disant : — De la part du bon Dieu, Madame. Il en fera pousser d'autres pour notre frère en Jésus-Christ.

On raconte que le geste fut très apprécié de la Princesse et de sa suite, mais qu'il provoqua une grande surprise dans le couvent.

Le bon prieur dut s'en confesser.

*
* *

Sur les cinq heures, Etienne vint me dire que le Révérend Père m'attendait dans sa cellule.

— Voici, me dit le bon Prieur, le moment de votre départ, car la nuit vient vite à cette saison. Voici le bâton ; il a été coupé dans nos bois ; il vous servira pour les descentes ; il sera un souvenir de votre passage ici. Et voici la lettre pour le bon curé de Saint-Pierre. Le guide vous attend au Guiès-Mort ; je vous accompagne jusque-là.

Le Guiès-Mort coule dans le voisinage du couvent. Il est, à cet endroit, un petit ruisseau que l'on passait aisément sur quelques pierres, disposées dans son lit. A la saison des pluies, il se change en torrent impétueux. Notre conversation fut plutôt silencieuse. J'écoutais avec une respectueuse émotion sa parole toujours calme, toujours douce dans sa sénérité. Au Guiès-Mort, où le guide attendait, il inclina légèrement sa tête, comme au jour de ma première visite et me dit: « Allez ! que Dieu vous garde et vous protège, mon enfant. » — Les mêmes paroles que le matin dans sa cellule. Elles me sont revenues aux heures graves de ma vie.

— Je demandai à lui serrer la main ; ce qu'il m'accorda aisément. Il s'éloigna de son pas lent. Je me retournai pour le regarder encore. Il disparut. Je ne devais plus le revoir.

Le 16 février 1863, devenu presque aveugle, il donnait sa démission de directeur général de l'Ordre et se retirait à la Chartreuse de Pavie où il mourait le 15 janvier 1870.

La grande salle du Chapitre, dont je parlerai dans ma troisième et dernière visite, renfermait les portraits de tout les généraux de l'Ordre. Sur la toile noire du cadre qui lui était réservé, on lisait, à l'époque, ces mots, par lui choisis ; *terribile judicium fiet illis qui presunt.*

Et maintenant, ô lecteur, qui as pu avoir la constance de me suivre dans le cours de ce récit, lis avec moi la page qui concerne notre Prieur dans le livre du chartreux.

Et d'abord, cette réflexion de l'auteur :

« Il est toujours nécessaire de faire un bon choix quand il s'agit de placer un religieux à la tête de son Ordre. Mais, quand ce supérieur, pas suite des circonstances, doit être presque un fondateur, il lui faut des qualités hors ligne ; et pour trouver un tel homme, il faut beaucoup chercher. »

Et, après quelques lignes concernant deux Prieurs que la mort enleva bientôt, voici la page :

« Dom Nizzati fut remplacé par le célèbre Père Dom Jean-Baptiste Mortaize, l'homme choisi de Dieu pour rétablir complètement l'Ordre des Chartreux. »

Après nous avoir montré le jeune abbé chargé d'enseigner la théologie aux jeunes religieux, et, aux postulants, les usages et les cérémonies de l'Ordre ; après nous avoir appris que, cinq ans après son entrée au couvent, il était *vicaire* de la Grande-Chartreuse, et, enfin, élu, deux ans plus tard, Supérieur général, l'auteur poursuit :

« Il avait 33 ans. Bientôt son nom fut connu de tous côtés : c'est que le Révérend Père Jean-Baptiste Mortaize personnifiait en lui, à un haut degré, la charité généreuse, intelligente, inépuisable, entourée d'un reflet de sainteté douce et pleine d'attrait. Secourir toutes les misères et toutes les infortunes semblait être son unique pensée. Un mot sorti de sa bouche nous fera connaître le fond de son cœur. Un incendie venait d'éclater à la distillerie de la Grande-Chartreuse, et, bien que promptement arrêté, avait causé des dommages considérables. Lorsqu'on annonça cette nouvelle à Dom Jean-Baptiste : Hélas ! dit-il, les pauvres devront recevoir un peu moins ! »

« Peut-on s'étonner maintenant qu'un si noble cœur ait acquis une popularité aussi grande que légitime ?

« Les œuvres de charité n'occupaient pas uniquement le R. P. Dom Jean-Baptiste. Il travaillait encore et surtout à établir son Ordre sur des bases solides, inébranlables. Lorsqu'il fut élu Général, la Chartreuse passait par un de ces moments de transition dont l'issue est toujours décisive dans un sens ou dans un autre. La communauté se composait de deux éléments divers : l'ancienne et la nouvelle génération. L'ancienne disparaissait rapidement, emportant ces souvenirs et ces traditions du passé qui jouent un si grand rôle dans la vie d'un Ordre religieux. La nouvelle génération arrivait, apportant avec une bonne volonté très grande, une inévitable ignorance de la vraie vie cartusienne. Le supé-

rieur devait fondre tellement en une seule les deux
générations, que l'œuvre de Saint-Bruno se conti-
nuât sans transition heurtée, sans décadence, sans
exagérations et sans innovations. Il fallait, afin d'at-
teindre ce but, un supérieur assez éclairé pour
toujours bien discerner le sens exact du Statut, et
assez prudent, pour maintenir l'observance de la
Règle. Dom Jean-Baptiste fut tout cela, à cause de
ses grandes vertus. Son union avec Dieu lui donnant des lumières pour faire un juste discernement
de toutes choses, il posa ce principe qui résolvait la
difficulté : *suivre uniquement le statut à la lettre.*

« Dès lors, on ne pouvait craindre de voir se for-
mer une nouvelle vie cartusienne, différente de l'ancienne : le présent continuait le passé ; l'abîme,
creusé par la Révolution, disparaissait ; les vieillards
retrouvaient à la fin de leur existence ce qu'ils
avaient vu jadis dans les cloîtres cartusiens aux
premiers jours de leur vie religieuse. Pour obtenir
la parfaite observance de la Règle, Dom Jean-Baptiste
eut recours au moyen le plus efficace : il la pratiqua
lui-même et réalisa bientôt en sa personne le type
du vrai Chartreux.

« Dans les desseins de la Providence, Dom Jean-
Baptiste devait être semblable à la colonne qui con-
duisait le peuple de Dieu au milieu du désert :
obscure ou lumineuse, elle remplissait toujours la
même office. Après avoir donné pendant plus de
trente ans, l'exemple comme supérieur général,
Dom Jean-Baptiste apprit à ses frères de quelle ma-
nière on doit vivre dans l'obscurité du cloître.

« Il avait plusieurs fois demandé en vain sa démission au chapitre général ; il s'adressa à Rome, et, à force d'instances, finit par l'obtenir. Le jour même, 16 février 1863, il quitta la Grande-Chartreuse qu'il ne devait plus revoir et se rendit à Pavie ! Le Père Procureur, tout étonné de le voir arriver, s'informa du sujet de son voyage. — Je vous demande une cellule dans le cloître, lui répondit avec bonheur le R. P. Dom Jean-Baptiste. Il y vécut sept années, oubliant le monde, ses amis et lui-même, pour ne s'occuper que de Dieu et de ses fins dernières.

« Le 15 janvier 1870, vers 10 heures du soir, il fut pris de violentes douleurs de cœur. Peu après, il rendait à Dieu sa belle âme et allait recevoir dans le ciel la récompense méritée par soixante-douze ans de vertus et de travaux de tous genres. »

Qu'ajouter à une telle page ? Rien. Je veux simplement dire que parmi les grandes œuvres d'humanité et de charité, inspirées par le Prieur Jean-Baptiste, et sous sa direction accomplies, on cite, rien que dans la région du couvent : Saint-Laurent du Pont, entièrement détruit par un incendie et reconstruit à neuf par la Grande-Chartreuse, avec des matériaux tels, qu'on a pu dire que ce chef-lieu de canton est aujourd'hui une *ville de marbre.* Il suffirait de gratter ses pierres pour apercevoir du marbre la nervure et le grain. On nomme ensuite la belle église de Voiron, dédiée à Saint-Bruno, et dont le portail, à son fronton, reproduit en sculpture une scène de la vie du Saint, un haut relief, fort beau, qui est resté dans mon souvenir. Et, enfin, combien sont nombreux les secours, les dons, les bienfaits de toute nature répandus un peu partout. Notre Rabat,

Intérieur d'une cellule.

lui-même, doit à son illustre enfant le plaisir de voir
à l'église, les jours de grande fête, un magnifique
ostensoir que le Révérend Père offrit à son neveu
l'abbé Louis et que la famille s'empresse d'accorder
dans ces circonstances. Et l'horloge qui nous sonne
les heures nous vient de lui. Elle nous dit, la bonne
petite cloche : « Souvenez-vous ! priez ! la vie est
courte ! comme l'heure que je vous sonne, vous ne
faites que passer ! » Et moi, quand je l'entends, je
songe à la *Brunone*, et, aussi, à deux des trois cloches
de la grande horloge du couvent, dont nous allons
entendre bientôt les voix ! Et, comme dans un rêve,
je revis les belles heures de mes visites ; je revois le
blanc Prieur doux, bon et saint... Et je me sens ho-
noré d'appartenir à un village qui a donné à la chré-
tienté un si illustre moine, un si grand religieux.

Il m'est difficile d'aborder ma dernière visite à la
Grande-Chartreuse sans dire ici que, par un effet
visible de la grâce qui s'attachait à la personne du
Révérend Père Jean-Baptiste, sa famille a donné à
la Religion et à l'église, d'abord, deux de ses sœurs :
l'une, la Mère Marie, qui fut longtemps Supérieure
du couvent des Carmélites de Pamiers ; l'autre, la
sœur Saint-Alexis, carmélite au même couvent. Ensuite, par sa troisième sœur, — Catherine Mortaize,
mariée à Mathieu Nigoul — Léocadie Nigoul, entrée
dans l'Ordre du Carmel et morte jeune au couvent de
Pamiers. Enfant, j'ai assisté à sa prise de voile ; et je
vois encore dans la douce chapelle, en fête ce jour-là,
ses parents réunis, et son père en larmes, lui donnant
sa bénédiction. — Vient ensuite l'abbé Louis, dont
j'ai parlé à ma première visite à la Chartreuse. Il

était frère de la Carmélite. Il est mort curé de Rabat,
aimé et regretté de tout le village pour la ferveur de
sa foi, l'affabilité de sa nature et la générosité de
son cœur.

* *
*

Comme complément à la belle page du livre du
Chartreux, je crois devoir donner ici les extraits
suivants d'une très intéressante notice sur le Prieur
Jean-Baptiste par M. A. M. du Franclieu, publiée en
1903, à Grenoble, par la maison Vallier Edouard.

« Un de ces religieux nous a laissé son portrait à
l'heure de son installation. » Dom Jean-Baptiste était,
écrit-il, d'une taille à peine au-dessus de la moyenne,
mais d'un tempérament fort et robuste, capable de
supporter les plus rudes privations et les travaux les
plus continus. Actif, quoique sans empressement,
on sentait en le voyant agir que tout ce qu'il faisait
était pesé et muri d'avance par l'habitude de la réflexion et d'une vie intérieure très intense. La rectitude
de son jugement lui permettait d'aller droit au fond
des choses dès le premier abord. S'il rencontrait
quelque résistance, il savait attendre, mais non
biaiser, pour arriver à ses fins. L'énergie de la
volonté, jointe à la pratique de la mortification, lui
avait donné sur lui-même un empire absolu. Il en
résultait dans toute sa conduite une parfaite harmonie. Sa modestie et son humilité pouvaient à cer-
taines heures le faire paraître timide, réservé, presque froid, et, à la vérité, il ne s'ouvrait pas indis-
tinctement avec tout le monde. Mais dans les épan-
chements de l'amitié, son cœur se découvrait tout

entier, sans effort, et laissait voir la bonté la plus exquise, avec des attentions et des délicatesses de charité dont ses amis eux-mêmes restaient quelquefois surpris.

En 1831, les ressources étaient modiques au monastère de la Grande-Chartreuse. Dom Jean-Baptiste, par sa vigilance, son ordre, son économie et sa confiance en Dieu, sut pourvoir aux besoins les plus urgents. Les réparations, à peine commencées, furent menées à terme. Le Général en devint lui-

même l'architecte et dirigeait les travaux. *Parfois,
ont écrit les contemporains, il mettait la main à la
pelle et à la pioche, comme le dernier des manœuvres.*

Sa mission cependant n'était pas de nature à
rester circonscrite dans l'enceinte de son monastère. Le divin Maître lui demandait davantage ; et
bientôt il dut travailler au rétablissement de son
Ordre en France, en Suisse et en Italie.

Les Chartreuses de Valbonne, de Bosseville, de
Montrieux, du Reposoir, de Portes... étaient tombées
dans la tourmente. On les vit soudain se relever, se
rouvrir, se repeupler, comme aux anciens jours. Le
couvent de Beauregard ne suffisant pas aux Moniales
Chartreuses, une nouvelle retraite leur fut ouverte
à Montauban. L'Autriche, grâce aux persévérants
efforts de Dom Charles Saisson, rendit la Chartreuse
de Pavie ; et des négociations heureusement conduites avec le conseil d'Etat de Fribourg ne tardaient
pas à amener la cession de celle de la Val-Sainte.

Dom Jean-Batiste, voulait la restauration de son
Ordre. Mais il n'y sacrifiait l'observance d'aucune
des prescriptions de la Règle. C'est pourquoi il solli-
cita de la cour romaine les dispenses nécessaires
pour le rétablissement des Chapitres Généraux. Le
2 juillet 1837, toutes les difficultés étaient aplanies ;
et ces grandes Assises de l'Ordre, interrompues
depuis près d'un demi-siècle, reprenaient définitivement leur cours.

On se méprendrait étrangement, néanmoins, si
l'on admettait que ce labeur incessant de restauration, tant intérieure qu'extérieure, dut absorber toute
la vitalité du R. P. Jean-Baptiste. L'admirable reli-

gieux avait pour les malheureux et les déshérités de
ce monde, comme aussi pour les Grandes œuvres
de la charité catholique, un attrait divin que la Providence avait miséricordieusement servi, vers 1834
ou 1835, en lui donnant dans la liqueur nouvellement
découverte, des ressources inconnues jusque là.

Nous ne saurions ici offrir une appréciation exacte
des aumônes prodigieuses que le vénérable Père
répandait de toutes parts, sans parler de celles qu'on
faisait tous les jours à la porte du monastère en argent, pain, vêtements, semences pour la culture ;
et, pas davantage, de celles qu'il faisait lui-même
à tous ceux qui lui tendaient la main. Il nous fau-
drait pouvoir énumérer les autres... Or, favoriser
partout l'esprit religieux, par l'érection, la répara-
tion ou l'ameublement des Eglisses de paroisse et des
sanctuaires de dévotion ; seconder les vocations
sacerdotales dans les petits et grands séminaires ;
soutenir les communautés religieuses et les missions,
soit en France, soit à l'étranger ; créer des hospices
pour les malades et les infirmes ; fonder des écoles ;
donner du travail aux ouvriers ; ouvrir des routes dans
les montagnes ; ne se refuser enfin à aucun acte de
bienveillance, de quelque part que lui en vînt la
demande, telle fut la mission que lui donna l'esprit
de charité.

Le 16 octobre 1845, un incendie consuma en
quelques instants le village, le presbytère et l'église
de Saint-Pierre de Chartreuse. Appelé au moment du
sinistre, le R. P. Jean-Baptiste devint pour cette
pauvre et malheureuse population l'instrument
visible de la Providence. Non seulement il fit distri-

buer immédiatement des secours en argent et en pro-
visions de toute espèce, mais il ouvrit les portes du
monastère et des bâtiments de la Correrie aux incendiés ; et, pendant plus de six mois, les victimes de

ce désastre reçurent, par ses soins, les vivres, les vêtements, les remèdes, tout ce que réclamait leur triste
situation ; tandis que les religieux convers, aidés de
leurs ouvriers, travaillaient à relever le village de
ses ruines et construisaient une église plus spacieuse
et d'un meilleur style que n'était l'ancienne.

Dix années ne s'étaient pas écoulées depuis ce

sinistre, qu'un nouvel incendie plus terrible que le précédent, éclatait dans le bourg de Saint-Laurent-du-Pont. En vingt minutes, les flammes eurent tout consumé. Les récoltes étaient rentrées ; le désastre fut immense. C'était près de quatre-vingts familles qui se trouvaient en quelques instant ruinées ; privées d'abri, de vêtements et de tous les objets indispensables à la vie. Le Révérend Père se trouvait au chœur avec ses religieux quand on vint l'avertir. Aussitôt, il quitte l'église, rentre dans sa cellule, se charge de tout l'argent qu'il peut trouver et se met en route. Il était bientôt au milieu des incendiés, consolant les uns, donnant des secours aux autres, faisant naître dans l'âme de tous l'espérance de voir dans un prochain avenir le bourg se relever de ses ruines. Il resta sur le théâtre de l'incendie, au milieu des maisons en flammes jusqu'à une heure avancée de la nuit ; et lorsqu'il n'y eût plus rien à faire, qu'il eût donné tout ce qu'il avait apporté, harassé de fatigue, il se retira à l'entrepôt de Fourvoirie pour y attendre le jour. En trente deux ans de Généralat ce fut la seule fois qu'il se permit de ne point coucher dans sa pauvre cellule.

Dom Jean-Baptiste avait alors cinquante six-ans.

Si, avant les incendies de Saint-Pierre et de Saint-Laurent-du-Pont, la réputation de sa sainteté et de sa charité était grande, sa conduite en ces diverses circonstances, l'accrut encore, et il devint l'objet d'une admiration Générale.

Pour tout autre, ce flot de popularité, car il ne se refusait à personne, eût été peut-être un écueil. Il ne changea en rien la vie de Dom Jean-Baptiste.

Le T. R. P. Général Don Jean-Baptiste Mortaize.

Il resta à l'intérieur du couvent ce qu'il avait toujours été, humble et modeste, vigilant, pauvre et mortifié, assidu aux offices du chœur, bon envers tous ses religieux, de cette bonté cordiale et simple qui s'ignore complètement elle-même. Toujours

calme et tranquille au milieu des plus graves affaires et des difficultés parfois inextricables.

On le concevra cependant sans peine, tant de travaux devaient avoir un terme. Avec l'habitude de tout faire par lui-même, de ne jamais compter avec ses forces, de se priver non seulement de ce qui eût pu le soulager, mais même de ce que la Règle accorde comme une sorte de nécessité, il arriva à cette extrême limite devant laquelle, bon gré, mal gré, le courage le plus intrépide ne peut rien. Le poids de l'âge se faisait sentir ; ses forces ne répondaient plus à l'énergie de sa volonté ; le cœur souffrait ; l'excès de travail avait extrêmement affaibli sa vie. Pendant presque tout le cours de son Généralat, il n'avait cessé de demander sa démission dans les assemblées des chapitres généraux. Il s'était adressé plusieurs fois à Rome, sans pouvoir l'obtenir. En 1862, il réclama de nouveau, usa même d'insistance, et, cette fois, elle lui fut accordée.

Le 16 février 1863 fut le jour de son abdication. Il quitta le monastère vers le soir, laissant dans la douleur et les larmes tous ses religieux.

Quelques jours après, il arrivait à la Chartreuse de Pavie. Le V. P. Procureur le rencontre sur le seuil. Surpris de le voir, il se persuade qu'il se rend à Rome pour quelque affaire importante. Dom Jean-Baptiste, sans explication préalable, s'agenouille à ses pieds et, les mains jointes, lui demande humblement une cellule dans le cloître.

Déchargé du lourd fardeau qui, pendant trente deux ans, avait pesé sur ses épaules, le vénérable religieux s'appliqua à oublier le monde, dont il ne voulait plus entendre parler, et à s'oublier lui-même et tout ce qu'il avait été, pour ne plus songer qu'à Dieu et à ses fins dernières. Fervent et ponctuel, comme un novice, au chœur où il arrivait le premier, il se mettait à la dernière place. Dans sa cellule, presque tous ses instants s'écoulaient en prières et en pieuses lectures que de jeunes religieux étaient chargés de lui faire. Toujours égal et aimable, gai même, son seul aspect était, pendant les récréations communes, un sujet d'édification »...

L'auteur de ces précieuses pages termine sa notice en indiquant la date de la mort du saint moine (le 15 janvier 1870) déja mentionnée plus haut d'après le livre du Chartreux.

*
* *

Que d'événements survenus entre ma première et dernière visite à la Grande-Chartreuse ! Entre 1860 et 1870 : la guerre, la chute de l'Empire, le siège de Paris, la Commune, l'Assemblée de Versailles, la République proclamée à une voix, la Constitution Wallon, l'expédition de Tunis, du Tonkin, de Chine... Et que d'hommes disparus : Napoléon III, le Prince Impérial, le comte de Paris, Thiers, Mac-Mahon, Grévy, Gambetta, Chanzy, Bazaine, les bons et les mauvais ! Tout change, tout meurt, tout ressuscite dans l'évolution constante de l'humanité ! Seule, la Nature reste la même dans son éternel renouveau.

Ici, dans ce défilé, de Saint-Laurent à la Grande-Chartreuse, règne toujours le désert ; toujours le même, avec ses gorges profondes, ses roches altières, ses arbres géants, son morne Guiès-Mort, et, là haut, dans le ciel, le Grandsom, le front dans l'azur.

A Paris, j'avais dit à ma femme, compagne habituelle de mes voyages : — Cette fois, nous visiterons Lyon, son Guignol, le jovial, le malin, l'effronté Canut ; nous verrons sa chapelle de Fourvières, transformée dans le modern style, trop voyante, trop

clinquante, trop tapageuse, trop dorée ; où la Vierge,
qui fut simple couturière dans son humble logis de
Nazareth, doit moins se plaire que dans le simple
sanctuaire primitif. Nous verrons ensuite la Grande-
Chartreuse, d'un style si sobre, si pieux, si saint, si
différent. Puis, Valence, le Rhône impétueux, Avignon, la morte cité des Papes. Puis, Marseille, sa
Notre-Dame de la Garde, son Prado, sa Canebière,
son Château-d'If. Puis, la Côte d'Azur, cette Cor-
niche, aimée de la mer, de cette Méditerranée que
parent, là, de leurs plus belles plantes et de leurs
plus belles fleurs, ces lieux féeriques : Cannes, Nice,
Monte-Carlo, le Cap Martin.

Le 2 août 1897, à la nuit tombante, une des grandes
diligences qui faisaient le service entre Saint-Laurent
et la Grande-Chartreuse nous déposa à la porte du
couvent. Les dames, et elles étaient nombreuses,
furent conduites à l'hôtel tout voisin, tenu, à la
belle saison, par des sœurs Chartreusines. Les
hommes, nous entrâmes dans le monastère.

De Paris, en partant, j'avais adressé au Prieur
général une lettre dans laquelle je disais que j'étais
du village natal du Révérend Père Jean-Baptiste ;
que, de son vivant, j'avais visité deux fois le couvent ; et je lui demandais la faveur de lui présenter
mes hommages.

A l'entrée de la salle d'Aquitaine, un frère convers
tenait le registre des visiteurs. Je donnai mon nom.

— Monsieur, me dit le bon Frère, j'ai ordre de si-
gnaler votre arrivée.

— Je vous remercie, répondis-je, mais, mon cher
Frère, j'ai bien faim ; et la bonne odeur de soupe aux

choux qui monte à mes narines, ce monde de gens autour de ces tables, aiguisent encore mon appétit.

— Bien, Monsieur, répartit en souriant le bon Frère, vous allez dîner là, à cette table. J'attendrai.

Ici, j'ai quelque plaisir à reproduire le menu : la soupe aux choux, du poisson frit, une omelette faite rien qu'avec les jaunes d'œufs, les blancs servant à la clarification de la chartreuse ; du fromage, des fruits, de bon vin, de bon pain, un petit verre de chartreuse. Je rappellerai aux gourmets qui ont eu la bonne fortune de dîner ou de déjeuner au couvent, les fraises des bois, servies dans des saladiers, à profusion.

Faut-il dire l'addition ? 1 fr. 50.

Et ce menu ne diffère guère de celui qui figure dans le livre du Chartreux, et qui se trouve dans la 4ᵉ édition des statuts de l'Ordre (1509). Je copie : « De la soupe, deux plats ; et, encore, faut-il qu'ils ne soient pas trop curieusement préparés ; des fruits et du fromage. » C'était, ajoute le chroniqueur, ce fromage le lait de chèvre et de brebis, fabriqué à la Chartreuse, qu'Aymar du Rivail déclarait l'emporter sur tous ceux de Savoie et des pays plus éloignés.

De son côté, le Prieur Dom le Masson, parlant du repas, disait en 1695 : « Il faut le faire frugalement, car ils ne viennent pas ici pour faire bonne chère ; mais il faut avoir soin que les choses se fassent proprement et civilement. »

Un poète chartreux avait dit avant eux et mieux : *Hospitis adventu gaudent. Dant quod habent, hilari pectore, voce, manu.* Ces vers datent du XIIᵉ siècle. Ils auraient pu être écrits sur la porte des réfectoires abandonnés, le jour du départ des Pères pour l'exil. Mais passons !

Mon repas terminé, je trouvai dans un couloir sombre un Père qui m'attendait, portant une lanterne sourde à la main.

— Nous avons reçu tantôt, me dit-il, votre lettre. Je l'ai envoyée à notre Révérend Père qui est en retraite, depuis quelques jours, à notre maison de jeunes aveugles dans la montagne. Il regrettera de ne pas vous recevoir ; mais je le puis en son nom. Notre Révérend Père Jean-Baptiste est toujours vivant dans notre mémoire ; acceptez, Monsieur la

Chapelle Saint-Bruno.

même hospitalité que s'il était là... Vous devez être
fatigué ; je vous reverrai demain !

J'allais remercier, m'excuser, mais il avait incliné
rapidement la tête et avait disparu. J'avais eu cependant le temps de l'examiner. Il était jeune encore, de
haute taille, maigre, fin de visage, autant que me
permirent de le remarquer le capuchon rabattu sur
le front et la pâle lueur de sa lanterne. Sa parole
élégante, précise, aisée, dénotait une belle culture,
une noble distinction. — Je me couchai avec
l'agréable pensée que je le reverrais le lendemain.

Le lendemain, les *Matines* et la grand'messe enten-
dues,— cette messe où l'on voyait à la pleine lumière
du jour tous les Pères, assistant de leurs répons et de
leur chant, le Prieur ; spectacle inoubliable !

Le lendemain, dis-je, je retrouvai le père à la
même place dans le couloir. Nous causâmes longuement, et sa conversation comme sa personne me
confirmèrent dans mes impressions de la veille. Je
regrette de ne pouvoir reproduire que quelques mots
de notre entretien.

— Vous habitez Paris, me dit-il ; je l'ai habité
également aux débuts de ma vie ecclésiastique. Vous
connaissez, sans doute, la rue de Sèvres ?

— Quel Parisien ne la connaît pas, mon Père ?

— Et peut-être la maison des missionnaires Laza-
ristes ?

— J'ai passé plusieurs fois devant sa porte.

— J'y ai fait mon noviciat, et Dieu m'a accordé
ensuite la faveur de servir les bienfaits de notre
sainte religion, dans l'Asie Orientale. J'ai parcouru ainsi l'Inde, la Chine, le Japon. En Chine,

j'ai administré un village de trois cent mille âmes.

— J'ai lu, dis-je, sur la Chine, sur son organisation sociale, sur la constitution de la famille, sa défense, sa protection, sa conservation, un ouvrage, aussi intéressant qu'instructif. Il m'a été offert par son auteur, lequel a été notre Consul général à Pékin...

— M. Simon ?

— Lui-même. Vous le connaissez ?

— Nous nous sommes connus, en effet, là-bas. C'est un excellent homme, un noble esprit. Si vous le revoyez, vous voudrez bien lui parler de notre entretien ; il se souviendra peut-être.

— Nous avons eu, ajouta-il, ces jours derniers, la visite des Artistes du Théâtre français, avec leur doyen à leur tête.

— Mounet-Sully ?

— C'est, en effet, ce nom porté sur le registre. Ils ont été bien convenables .

— Jugez, mon père, les premiers comédiens du monde ! Le vieux préjugé qui, du temps de Molière, pesait sur ces Messieurs...

Il ne me laissa pas achever, et sentant sans doute, qu'il s'attardait trop dans le plaisir de cette conversation, il conclut précipitamment :

— La visite du Couvent sera conduite aujourd'hui par un de nos plus dignes Pères, digne et très instruit : il a été conseiller d'Etat. Les étrangers, déjà arrivés ce matin, sont nombreux ; il en viendra encore. Pour bien voir et bien entendre, je ne saurais trop vous engager à vous tenir à ses côtés. Et maintenant, Monsieur, ajouta-t-il, en souvenir de votre passage, acceptez ce livre sur notre maison, com-

·posé par un de nos Pères. Acceptez également ces deux petites statuettes de notre bienheureux saint Bruno ; et pour votre Dame qui est chez nos bonnes sœurs, ce chapelet.

J'aurais voulu lui prendre les mains, le remercier de tout l'élan de mon cœur ; comme la veille il avait précipitamment disparu (1).

*
* *

La visite ce jour-là fut des plus intéressantes, non seulement par l'abondance des détails historiques donnés par le Père sur les origines du couvent, sur ses transformations au cours des siècles, mais encore par ses réponses à des questions, parfois indiscrètes, qui lui furent posées. Je n'en relaterai que quelques-unes, ne voulant pas surcharger mon récit déjà long et que cependant je pourrais prolonger

(1) Le précieux livre est là, à portée de ma main. J'y ai puisé, j'y puiserai, peut-être encore, comme à une pure, limpide et sainte source. Les statuettes sont sur la cheminée de ma chambre à coucher aux côtés d'un petit christ en bois doré, très ancien, qui me vient de mon oncle qui fut pendant cinquante ans, et mourut, curé de Gourbit, après avoir été l'ami et le condisciple, j'ai plaisir à le redire, du Révérend Père Jean-Baptiste. Le chapelet a été souvent récité par ma pauvre femme, morte dernièrement. Je l'ai placé dans ses mains, comme si elle allait le dire encore. Elle l'a emporté dans la tombe où elle repose à côté de ma mère qui, elle aussi, s'en est allée avec son chapelet ; un chapelet qui provenait également de la Grande-Chartreuse et que le bon Prieur Jean-Baptiste avait béni. Mon cœur me dit que, dans cet oratoire qui est notre caveau, et où se trouvaient déjà, par mes mains pieusement réunis, les restes de mon père, de mon oncle l'abbé et de ma tante Pierrette, mon cœur me dit que les deux chères âmes récitent entre elles leur chapelet, pour moi, pour nous, qu'elles ont tant aimés !   T. N.

encore, tant les impressions et les images sur ces lieux me reviennent et se pressent dans mon esprit.

Nous avions vu la chapelle principale où les Pères psalmodient, à la lueur de leur lanterne, les *Matines*. Nous avions parcouru le grand couloir où l'homme, regardé d'un bout à l'autre, paraît être ce qu'il est, tout petit, un grain de poussière, un atome, rien.

Nous avions remarqué au-dessus de la porte de la chapelle mortuaire, dans une niche, un buste de la mort ; et nous avions presque ri à la vue du manteau dont l'artiste l'a prétentieusement affublée, nous disant qu'elle ne fait pas tant de manières quand elle entre furtivement chez nous et qu'elle nous prend. Nous avions tendu l'oreille vers *la Brunone*, mais la petite cloche était restée muette, n'avait pas voulu nous dire la douce prière qu'elle récite à saint Bruno. Dans un corridor du petit cloître, nous avions été arrêtés par un portrait d'une ressemblance si frappante avec le cardinal de Richelieu, que quelqu'un s'était écrié : — Mais, c'est Richelieu ! — Non, avait répondu le Père, mais son frère ainé, Alphonse-Louis, qui préféra une de nos cellules à la dignité d'un évêché, et qui passa ici vingt-cinq ans de sa vie.

Devant la grande tour qui domine du haut de ses 40 mètres les autres bâtiments, le Père s'était arrêté un assez long moment. Il nous avait dit : — C'est la tour de l'horloge ; elle est, comme vous le voyez, carrée dans sa partie basse et octogone dans le haut ; elle date du xii° siècle. Elle est en pierre taillée dans le roc de notre montagne. Elle fut restaurée et embellie par les dons successifs de Marguerite de Bourgogne, épouse malheureuse de Louis le Hutin, roi de France, et de Marguerite d'York, sœur d'Edouard IV, roi d'Angleterre, et veuve de Charles le Téméraire.

Elle renferme trois petites cloches datant de 1670, 1672 et 1817. La première parle ; elle dit : *Le jour du jugement approche et je compte les heures*. La seconde chante : *Ave, Maria, gratia plena*. — Ces paroles sont moulées dans leur bronze. La troisième ne porte aucune inscription ; mais elle n'en chante pas moins avec ses sœurs les louanges à la Vierge. A toute heure qui sonne, elles crient ensemble : *Ave, regina cœli* ! J'écoutais le si intéressant cicerone et ma pensée se portait en même temps vers notre montagne ariégeoise, vers Notre-Dame de Sabart, dont le joli carillon chante aussi, aux jours de fête, les mêmes cantilènes.

A la salle du Chapitre où se discutaient les grands intérêts de l'Ordre et où se faisaient les élections des Prieurs généraux, se trouvaient, sur un rang, les portraits de ces derniers, à partir de saint Bruno. Ils étaient alors au nombre de 64. Je m'étais tenu assidûment aux côtés du Père. Toùt à coup, il abaissa ses yeux sur moi, et me demanda :

— Reconnaissez-vous le Révérend Père Jean-Baptiste ?

— Oui, mon Père, le voilà, le troisième en remontant.

— C'est bien lui, en effet.

La bibliothèque était contiguë à la salle du Chapitre. Elle était vaste, haute, bien éclairée, pleine de manuscrits et de livres, œuvres des Pères, ou, par eux traduites des anciens : Homère, Platon Sénèque, Virgile, Cicéron, Tacite, saint Augustin, Tertulien, saint Benoît, saint Thomas et, parmi les Chartreux, Denis, dit le Chartreux, Guignes dit le Vénérable et Guignes dit l'Angélique. On sait que c'est dans les monastères qu'il faut aller chercher les sauveurs et les restaurateurs des chefs-d'œuvre de l'antiquité ; que c'est aux moines enfermés dans leurs cellules que revient ce mérite et cet honneur. Les chartreux y ont une bonne part.

Un moment vint où une voix, partie de la foule, demanda :

— Mon Père, êtes-vous électeur ?

— Si je suis électeur ? Si nous sommes électeurs ? Comment donc ? Ne sommes-nous pas citoyens français ? Notre robe ne nous prive pas de ce droit.

Au ton déterminé de ces paroles, il me sembla entendre le *Ego civis Romanus sum.*

— Votez-vous ? demanda la même voix.

— Nous votons tous. Non seulement nous, mais

tous les frères, tous les domestiques, tout le couvent.

— Ici?

— Vous savez bien, Monsieur, qu'un couvent n'est pas une mairie. Nous votons à Saint-Pierre de

Chartreuse, notre paroisse, toute voisine, là-haut, vers le Sappay. Et, tenez, aux dernières élections, malgré la neige amoncelée, nos bœufs devant nous, traçant le chemin, nous tous, à coups de pelle, d'un commun effort, nous finîmes par arriver. Et nous votâmes. Et cela en vaut la peine : nous formons à nous seuls la majorité.

Je vois encore le Père relevant sa tête, redressant

sa haute taille ; je revois son regard assuré planant sur nos fronts. J'entends sa voix mâle accentuant les mots avec une majestueuse gravité. Il me sembla bien dans ce moment que nous avions devant nous, non plus la robe blanche du moine, mais la robe rouge d'un magistrat, d'un Procureur général devenu Conseiller d'État. Lassé sans doute des grandeurs de ce monde fatigué des fortes impressions de son éloquente parole dans l'enceinte des prétoires, s'étant dit, avec l'Ecclésiaste, que tout n'est que vanité, il était venu demander là, à une cellule de ce cloître, le silence et l'oubli.

Au cimetière, qui fut la dernière station, quelqu'un — le même peut-être que tout à l'heure — questionna :

— Mon père, comment vous enterre-t-on ?

— Nous nous enterrons nous-mêmes. Nous clouons sur une planche, par les pans de la robe, le mort tout habillé, les mains en croix, le visage tourné vers le ciel, et nous jetons la terre dessus. La nature a plus tôt fait son œuvre.

En prononçant ces mots, il avait croisé ses mains sur sa poitrine et regardait le ciel.

Il s'était tu. Personne ne dit plus mot.

C'était fini. Nous saluâmes en silence en défilant devant le père, comme on défile devant un cadavre. Il s'éloigna, prit à droite par le grand cloître, et disparut.

Et le blanc moine avait été conseiller d'Etat ! Il n'était pas d'ailleurs, le seul qui, monté à ces hautes sphères de la magistrature ou d'autres fonctions, avait voulu enterrer dans ce monastère le restant de sa vie. Combien d'autres, venus en simples visiteurs dans les foules des touristes, étaient ensuite revenus, seuls, silencieux, demander au Prieur une cellule.

L'armée, de son côté, avait fourni au monastère son contingent. On en voyait la trace à *Casalibus*, le

Notre-Dame de Casalibus.

petit oratoire à moitié du chemin qui mène du couvent à la chapelle Saint-Bruno, une miniature de chapelle gothique, pittoresquement plantée sur un roc, au haut de la vallée. J'ai vu à Casalibus, et tout le monde a pu y voir, des ex-voto, offerts au saint fondateur de l'Ordre par de glorieux soldats devenus chartreux. C'étaient des épaulettes, des médailles, des croix, des épées. Epées qui, peut-être, en temps de guerre, sous la tente ou en plein champ, avaient servi à ces braves de croix pour la prière. Est-ce que, d'ailleurs, la poignée de l'épée, des anciennes épées principalement, telle que la *Durandal* de Roland, n'est pas une croix ? Est-ce que, à Marignan, avant la bataille, Bayard, le chevalier sans peur et sans reproche, ne pria pas devant son épée ?

Le frère portier de ma première visite avait été capitaine de vaisseau. Ses deux belles épaulettes, accrochées dans sa loge, au-dessus d'un crucifix, attestaient son passé. Il avait sollicité ce poste, par esprit d'humilité, ne voulant pas entrer plus avant dans l'Ordre.

Un exemple plus frappant encore, et presque d'actualité, vient de nous être fourni par M. Gaudin de Villaine, sénateur de la Manche, ancien Officier d'Etat Major de l'Armée, lequel par sa vaillante parole prend de plus en plus d'autorité à la tribune du Sénat.

On lit dans *la Libre Parole* du dimanche 10 mars 1912, l'article suivant; sous le titre : *Les deux Périls*.

« Il y a bien longtemps — c'était au printemps de 1887 ou de 1888, — j'avais été à la Grande-Chartreuse rendre visite à un oncle, frère de ma mère, le général baron de Nicolay, celui que tout le monde, dans la montagne, appelait le général russe, l'ancien vainqueur de Schamyl, l'Abd-el-Kader du Caucase, qui, après une brillante carrière militaire, converti au catholicisme par Mgr Dupanloup, était venu finir sa vie sous le froc de saint Bruno...

« Une première surprise m'attendait au monastère, ce fut d'y trouver mon collègue, le député Spuller, venu là, disait-il, respirer l'air de la montagne ! mais plutôt, peut-être, pour méditer de

« l'esprit nouveau » et consoler sa conscience de ces remords et de ces dégoûts que Mme Juliette Adam a si nettement définis dans son beau livre : *Après l'abandon de la Revanche.*

«En tout cas, nous soupâmes ensemble ce soir-là, au réfectoire des étrangers, et les pensées de l'ancien confident de Gambetta me semblèrent singulièrement mélancoliques et infiniment lointaines de ce qu'avait été son passé politique ! Avait-il déjà, en pleine maturité, le pressentiment d'une mort prématurée ?...

« Chaque matin, de bonne heure, nous descendions, à pied, du monastère à Fourvoirie, où mon oncle allait dire la messe au personnel de l'usine de fabrication ; et au long de la route pittoresque et sinueuse qui borde le torrent et à un moment le franchit, sur le pont Saint-Bruno, nous devisions de toutes choses.

« Et c'était une joie pour moi que ces matinales promenades : joie des yeux, au milieu de ces sites enchanteurs qu'animaient seuls le murmure de l'eau jaillissante entre les cailloux, et celui des brises parmi les pins séculaires ; joie des oreilles, en écoutant les récits, les souvenirs et aussi les visions d'avenir de ce grand soldat, de ce merveilleux érudit, qui, parlant toutes les langues européennes, avait tout parcouru par le monde, tout entendu et retenu, avec cette extraordinaire finesse d'observation du génie slave.

« Mais ce qui hantait surtout ce grand esprit volontairement muré, d'une société qu'il avait bien connue et dont il avait peut-être trop souffert, malgré tous les sourires de la gloire et la faveur d'un souverain qui avait tout tenté pour le faire revenir de son volontaire exil, ce qui le hantait sans cesse, c'était le problème d'avenir réservé à son pays, à l'Europe et aussi à notre France qu'il adorait.

« Je ne verrai pas ces choses, car je suis trop vieux, me disait-il souvent ; mais toi, si tu vis seulement trente années, tu en seras le spectateur étonné : tu verras l'avènement d'un monde nouveau, le partage de l'Afrique, le réveil de l'Asie ; tu verras peut-être un duel forminable pour l'empire des mers, tu verras certainement, et de par la faute des souverains qui ne sont plus à la hauteur de leur destinée, des trônes et des royaumes s'écrouler sous la poussée formidable et obscure de l'anarchie juive.

« Le péril, je le sens, prochain pour ma chère Russie ! Saura-t-elle en triompher ? Je le prévois aussi et le souhaite pour l'Angleterre, cette force malfaisante entre toutes, et dont la puissance moderne n'est faite que des ruines continentales, accumulées par son formidable égoïsme politique.

« Et son âme de vieux Russe, bien qu'assagie par

l'âge et sanctifiée par tous les renoncements, vibrait encore sourdement de ces deux haines patriotiques et religieuses : celle de l'Anglais et celle du Juif.

« Oui, oui, scandait-il de sa voix rauque, consécutive d'une terrible blessure à la gorge, reçue au cours d'une de ses campagnes du Caucase, oui, l'humanité n'aura la paix, si elle doit jamais l'avoir, que lorsque deux choses auront disparu :

« L'Angleterre, comme puissance politique ; la Juiverie, comme puissance d'argent, mettant son or au service de l'anarchie, afin d'arriver à la domination universelle des peuples non juifs : voilà les *deux périls*.

« La première, privée de son empire colonial et reléguée impuissante dans son île ; la seconde, la plus monstrueuse féodalité qui fût jamais, brisée par la puissance démagogique, retournée contre elle, parce que, édifiée enfin sur la nature de ses véritables exploiteurs, anéantie définitivement ou exilée sur une terre maudite : voilà le salut ! »

« Et il ajoutait : « Pour l'Angleterre, lorsque tu entendras discuter les privilèges de la Chambre des Lords — la seule sauvegarde de l'Empire — et battre en brèche le droit d'aînesse cause maîtresse de l'expansion victorieuse de l'Angleterre dans le monde, tu pourras dire : c'est le commencement de la fin pour nos voisins d'outre-Manche. »

« Ne semble-t-il pas que nous soyons à la veille de voir se réaliser cette prophétie, vieille d'un quart de siècle : hier, les Lords paraissaient, comme toutes les aristocraties anémiées, aller au devant du sacrifice et s'offrir, eux aussi, le luxe d'un 4 août ; et voici qu'aujourd'hui le monde étonné écoute le premier craquement de l'édifice anglais !

« L'Angleterre a absorbé trop de cosmopolites, sous le règne, de force apparente, mais de décomposition nationale réelle, d'Edouard VII ; elle n'a pu les digérer tous et elle est en train d'en mourir.

« Les graves événements qui se déroulent depuis quelques jours, en Angleterre, et qui, entre parenthèse, donnent une tournure lugubrement comique à l'Entente cordiale, semblent bien être sinon l'avènement immédiat de cette anarchie révolutionnaire, si souvent déchaînée sur le continent par l'or britannique, du moins une répétition générale de ses horreurs prochaines.

« L'Angleterre, depuis qu'elle donna au monde moderne, il y a deux siècles et demi, le mauvais exemple d'un essai républicain, en décapitant le plus chevaleresque des Stuart, semblait s'être murée dans le splendide et fructueux isolement de traditions séculaires invulnérables, qui étaient tout le secret de sa puissance mondiale.

« Et M. Lloyd George qui, sauf le casque et l'armure, ressemble fort, en son socialisme étatiste de puritain gallois, aux sombres « têtes-rondes » qui chevauchaient derrière Cromwel, peut se vanter déjà d'avoir fait plus de mal à son pays, qu'une bataille navale perdue contre l'Allemagne.

« Il a fait la brèche dans les principes tutélaires de la vieille Angleterre, et un assez joli carnage des traditions politiques qui armaient son système oligarchique : le temps fera irrésistiblement le reste...

« Le vieux soldat dort aujourd'hui son dernier

Vue générale du couvent de la Grande-Chartreuse avant la *liquidation*.

sommeil dans le petit cimetière abandonné et *liquidé* de la Chartreuse ; il est mort à temps pour ne pas assister à la profanation du cher asile qu'il était venu chercher de si loin, et que des Loges, conseillées par la Synagogue, ont volé et souillé de concert.

« Mais, si son âme errante revient parmi nous, elle se doit consoler, en voyant sa chère et sainte Russie sortie victorieuse du drame révolutionnaire et japonais, concerté par les grands sémites des deux mondes..., et l'Angleterre, cette éternelle complice de tous ces désordres mondiaux, aux prises avec les premières et mortelles angoises du plus terrible conflit social qui fût jamais... »

GAUDIN DE VILLAINE.

Sénateur de la Manche.

Et maintenant ai-je tout dit ? Puis-je mettre ici le mot fin ? — Pas encore. — Des réflexions amères montent de mon âme à mes lèvres ; je me dis : Voilà donc la maison, dix fois séculaire, qu'on a fermée ! Voilà les hommes, qui en étaient les légitimes propriétaires, qu'on en a chassés, qu'on a jetés à l'exil ! Et le cri de Victor Hugo monte de la terre où le grand poète repose, où, avec tout Paris, avec la France entière, nous l'accompagnâmes, après l'apothéose de l'Arc de Triomphe et cette nuit étoilée où, sous la grande Arche, la foule, sans cesse renouvelée, veilla son cercueil :

« Ah n'exilons personne ! Ah ? l'exil est impie ! »
Ces moines étaient des hommes, des citoyens

français. L'un d'eux vient de nous dire. Et celui-là avait été conseiller d'Etat !

Ils priaient. Ils disaient à Dieu la prière pour tous, la prière du poète.

Ensevelis dans leurs cellules, étrangers au monde, n'aspirant qu'au ciel, ne voulant rien entendre des bruits de la terre, ne s'occupant de la France que pour contribuer à sa richesse par cette liqueur, par eux inventée, ils priaient ! Ils priaient dans la liberté et le silence de leur âme ! Et l'on a brisé sur leur bouche, comme avec des bâtons, cette liberté de la prière, la plus sacrée des libertés, puisqu'elle touche à la conscience humaine, puisqu'elle est la conscience même, l'âme même.

Et les foules, maintenant, dans cette sublime montagne, dans ce désert par la prière consacré, ne savent plus où aller, où chercher Dieu !

Ah ! ceux qui ont voulu cela, ceux qui ont fait cette chose, n'ont jamais été à cette montagne, n'ont jamais parcouru ce désert. Ils n'ont jamais vu ces hommes de prière !

Et l'on écrit sur les murs des églises, des temples et des synagogues les mots : *Liberté, Egalité, Fraternité!..* Ah ? je vous en prie, ne faisons pas blasphémer ces mots, ces saintes choses, par ma génération adorées ! — *Liberté, Egalité, Fraternité.* — Ils disent que c'est là une guitare (1), trois notes d'une guitare ! Mais, toi, poète, que dirais-tu si tu vivais encore? toi qui aimas, qui exaltas, qui sanctifias encore, par ton verbe enflammé, ces saintes choses ? toi qui, toute ta vie,

____

(1) Le mot est de Ranc.

luttas et souffris pour elles, toi qui fus le vrai républicain ?

Tu dirais : « Ah ! n'exilons personne ! Ah ! l'exil
est impie ! »

Un roi t'écouta, et tu sauvas la tête de Barbès.

Eux, ne t'écouteraient pas.

Mais, attendez ! La Vérité et la Justice ont leur
heure ! Elles exigent que l'on descende dans les hon-
teux trafics qui précédèrent l'expulsion des Chartreux. Autour d'un ministre, et avec la complicité

de son fils, une bande de Maîtres-Chanteurs s'était formée, qui demanda aux Chartreux, pour leur maintien dans leur monastère, la somme *d'un million.*
— Un million ! — Ce que l'histoire de ces déprédations a appelé et appellera toujours : *Le million des Chartreux.*

C'était le chantage élevé à la plus haute note. Mais les chartreux répondirent froidement :

— Nous ne chantons pas cette antienne. Elle n'est pas dans nos Matines.

Et, secouant sur ces misérables la poussière de leurs sandales, ils partirent, emportant leur Saint et leur Dieu.

FIN

Saint-Amand (Cher). — Imprimerie Bussière

9 782013 495028